Anonymous

Illuminatus Dirigens, oder schottischer Ritter.

Anonymous

Illuminatus Dirigens, oder schottischer Ritter.

ISBN/EAN: 9783742897480

Hergestellt in Europa, USA, Kanada, Australien, Japan

Cover: Foto ©Lupo / pixelio.de

Manufactured and distributed by brebook publishing software (www.brebook.com)

Anonymous

Illuminatus Dirigens, oder schottischer Ritter.

Illuminatus Dirigens,

oder

Schottischer Ritter.

Ein Pendant

zu der

nicht unwichtigen Schrift:

die neuesten Arbeiten des Spartacus und
Philo in den Illuminaten Orden, jetzt zum
erstenmal gedruckt, und zur Beherzigung
bei gegenwärtigen Zeitläuften her-
ausgegeben.

---

1 7 9 4.

Vorbericht.

Der Verfasser der kritischen Geschichte der Illuminaten-Grade, welche dem von ihm herausgegebenen und auf dem Titelblatte bekannten Werke: Die neuesten Arbeiten des Spartacus und Philo u. s. w. angehängt ist, äußert zwar S. 13., daß das Publikum dabei eben nicht viel verliert, wenn es den Illuminaten-Grad, Illuminatus Dirigens, oder Schottischer Ritter nicht zu sehen bekömmt.

Demohngeachtet glaube ich, dem Theile der Lesewelt, für welchen die allenthalben, unsichtbar wie die Pest, im Finstern schleichende Allmacht der Staatsumwälzer Interesse gewinnt, einen nicht unwichtigen Dienst zu leisten, indem ich diesen Grad abdrucken lasse, ohne Hinweglassung, Zusatz oder Verbesserung.

Im Ganzen, dünkt mich, alle Materialien müssen gesammlet werden, wenn man ausrufen will: Hier ist auch der Illuminat in seiner Blöße! Das Publikum muß offenbar die Acten über das Illuminatenwesen vollständig besitzen, wenn es ein unseitiges, überdachtes und richtiges Urtheil fällen soll. Außerdem ergeht's, wie's die Gewohnheit unsers Zeitalters nur zu oft hervorbringt. Man räsonnirt über Dinge, die aus dem Zusammenhange herausgerissen, nothwendig das verkehrteste Ansehen und die buntscheckigste Auslegung erhalten, oder man oft kaum dem Namen nach kennt. Auf diese Art werden Tugend und Laster entstellt. — Ich lege daher auf dem Altare der großen Publizität auch mein

Scherf-

Vorbericht.

Scherflein nieder, und freue mich, wenn meine Absicht gelingt.

Ich bin kein Illuminat; bin aber, mit Ueberzeugung kann ich das von mir behaupten, ein nicht ganz unerfahrner Freymaurer. Seit 25 Jahren stehe ich mit vielen angesehenen Ordensmännern in genauester Verbindung. So bekomm' ich manche Mysterien, die bloß den Auserwählten und Vertrauten zum Lesen mitgetheilt werden. Auf diesem Weg fiel auch der Schottische Ritter in meine Hände. Ein erfahrner Ordensbruder, F.... hat mir denselben communicirt. Schon lange bekleidete der Edle eins der ersten Ordensämter gewisser Freymaurer, als Spartacus und Philo und Amelius ihr Wesen zu treiben anfiengen, und mit der wahren, weisen und tadellosen Maurerey Fangeball spielten, wie die Kinder der Freyheit und Gleichheit mit den Köpfen ihrer Väter. Ob nun gleich die ersten Beförderer dieser Gesellschaft recht sehr nach der Ehre geizten, auch meinen F.... zu den Ihrigen zählen zu können;

nen; ob sie gleich daher auch alle kunstmäßigen Mittel versuchten, welche gewöhnlich zum Endzweck der Werbung zu führen pflegen: so mißglückte doch die sehr große Acquisition, wovon sie schon zum voraus des Rühmens kein Ende fanden. Nie konnte mein Freund dem Illuminatismus den geringsten Geschmack abgewinnen. — Mehr kann ich von dem Edlen, ohne den ganzen Schleyer seines Namens aufzuheben, vor dem Publikum nicht sagen, und — dazu bin ich nicht berechtigt.

Die Abgesandten übergaben indeßen meinem Freunde die nun auch schon gedruckten Illuminaten-Grade und manche Randglossen zur Prüfung, welche bis auf die großen Mysterien erspart seyn sollten. F.... erstaunte, wie jeder Menschenfreund erstaunen wird, wenn er Thorheit und Bosheit so eng verbündet erblickt. Kaum bedarf ich zu erinnern, daß mein edler Freund warnend die Apostel der gefährlichen Grundsätze von sich wies, und mit Abscheu den ihm gemachten Antrag verwarf. Dieß ist aus dem Vordersatz klar, da ich ihm den er-

habe-

Vorbericht.

habenen Beinamen, des Edlen, beilegte. Denn Edel kann unmöglich derjenige heißen, welcher die gräßlich lodernde Fackel des Aufruhrs gegen Gott und Obrigkeit schwingt, und den Gesetzen der Menschlichkeit Hohn spricht.

Mein Freund hat mir oft zugeredet, daß ich die damals zum Theil ungedruckten Illuminaten=Grade, die ich von ihm empfangen hätte, bekannt machen möchte. Niemand hatte ihm die Originalhandschriften abgefordert. Sein war ihr Besitz. Ihn band kein Eid der Verschwiegenheit. Kein Vorwurf der Verrätherei konnte also ihn treffen. Diese Rücksichten würden ihn abgehalten haben, ein Actenstück der großen Publizität Preis zu geben. Denn unverkennbar ist und bleibt es immer ein eigenthümlicher Zug in dem Character des Biedermannes, wenn er unglücklich genug war, sein Wort für die Verschwiegenheit in einer bedenklichen Sache zu verbürgen, daß er nie so tief herab sinkt, sich der Gelegenheit zur Verrätherei zu freuen. Wenn er anders handelte, so würden seine billigen Zeitgenossen selbst

Anlaß

Anlaß finden, sein Herz in Verdacht zu ziehen, daß ein ihm unabgefordertes Bekenntniß in Umlauf brachte. Ueberdieß versteht sich der Biedermann unnachahmlich schön auf das Geheimniß, Aufklärungen über den geheimen Gang der Machination menschlicher Verstandsirrungen an der rechten Stelle zu geben.

Oft werden gefährliche Grundsätze eben dadurch recht einheimisch gemacht, wenn man sie zur Unzeit in die Trompete stößt. Wer ihnen leise, aber dabei mit unerschütterlicher Standhaftigkeit und nach einem tief berechneten Plan kluger Maaßregeln nachdrücklich entgegenarbeitet, besiegt sie allmählig, unbemerkt und bei weitem glücklicher. So werden sie meistentheils erstickt, ehe sie zur reichhaltigen Aehre reiffen. Der allgemeine Andrang, die Enthüllung der Grundsätze der Staatsumwälzer vor dem Richterstuhle der großen Publizität zu schleppen, hat nicht selten schon die thätigsten und wirksamsten Mittel dargeboten, Ideen recht lebendig zu machen, sie in ein System zu bilden, die Möglichkeit der Anwendung

dung desselben zu entwickeln, und seine Ausführung selbst zu wirken, woran sonst eigenes Nachdenken unzähliger Menschen mißglückt seyn würde, darauf vielleicht gar nie gerathen wäre. Gewiß entnervet das zu viele Licht sehr oft unsere Sehkraft, und verblendet zuletzt gar unsere Augen. Dann sieht man, mit Nase Wieland zu sagen, fast den Wald vor Bäumen nicht, baut nur Kartenhäuser, und überläßt die Zukunft dem Ungestüm des unbiegsamen Fatum. — Bei weitem wohlthätiger, ja der Klugheit selbst offenbar entsprechender ist es daher vom geheimen Triebwerke der Staatsumwälzer, nur an dem Orte ohne Rückhalt zu reden, wo Stillschweigen strafbares Verbrechen seyn würde. Auch wer das liest, der merke darauf!

Diese sichern, nicht ungegründeten Bedenklichkeiten haben auch mir bis jetzt abgerathen, durch Bekanntmachung eines oder andern Illuminaten-Grads beizutragen, daß die in ein System geformten Grundsätze dieser höchstgefährlichen Gesellschaft, welche ausgemacht

macht wahre **Staatsumwälzungen** zur Absicht hat, immer mehr und mehr gäng und gäbe werden. Nun aber sind meine Besorgnisse verschwunden. Und jetzt darf ich also dem Begehren meines F.... Folge leisten, und den unverfälschten Abdruck seines Originals herausgeben. Nachdem die ganze Figur, wie sie lebt und webt, aufgerissen worden, verlohnt sich's nicht mehr der Mühe, über ihren Contour eine Decke zu werfen.

Von dem innern Werthe des Grades etwas sagen zu wollen, würde eben so sehr überflüßig seyn, da der Verfasser der angeführten **kritischen Geschichte** von diesem Gegenstande der Länge nach geredet, wenn gleich ihn nicht erschöpft hat. Darauf verweise ich also vor der Hand meine Leser. — Ein andermal entschließe ich mich vielleicht, meine Erfahrungen niederzuschreiben. Gegenwärtig hab' ich bloß einige Stellen mit auseinander gesetzten Littern drucken lassen, welche die Aufmerksamkeit verdienen, daß der fein angelegte Plan der Illuminaten durchgehends sich immer getreu bleibt. Ueberall donnern

Feuer-

Vorbericht.

Feuerschlünde gegen Religion und Regenten! Allenthalben Worte des Aufruhrs gegen die geachtesten Gesetze! Ueberall, heimtückischer Rath des konsequenten Heuchlers, die Fesseln des Minister- und Pfaffendespotismus von sich zu streifen, um alsdann das getäuschte Volk in die seinigen, bei weitem eiserner als jene, mit cannibalischem Frohsinn schmieden zu können! — Wer Menschenmäkelei treiben will, muß nie vergessen, daß den Verkettungen der Tugend, der Leidenschaften, und leider! oft des Lasters, kein Sterblicher auszuweichen vermag. Die Bestätigung davon liegt jedem vor Augen, in der großen Geschichte der Menschheit, wenn's ihm sie auszugattern beliebt. Der Purpurmantel und der Sansküllottenkittel verbergen eben daßelbe Herz. Nero und der große Heinrich; Sully und Louvois waren Alle Menschen: aber welch ein Mißverhältniß unter diesen Menschen!

Ich schweige übrigens von den Winken zur Beherzigung für alle Freymaurer — von der Gewandtheit des Spartacus und Philo.

Philo. Wie unnachahmlich fertig durchwühlten sie die Ordensarchive! Wie schön benutzten sie, nach ihrer Manier, gewisse Grade! Jeder erfahrner Ordensmann wird es erkennen; die Kinder sind einander nichts ähnlicher.

Illumi-

Illuminatus Dirigens,

oder

Schottischer Ritter.

Nachricht.

(Wo ein achtes geheimes Schottisches Kapitel gehalten werden soll, da muß daßelbe von der durch unsre höchsten Obern uns vorgesetzten Provinzialloge des Districts constituirt worden seyn, wobei die Feierlichkeiten, welche unten (†) beschrieben sind, vorfallen. —

Anmerkung.

Die Instructionen I. II. und III. müssen in jedem Kapitel, wenn auch keiner zum Ritter geschlagen wird, verlesen werden.)

Einleitung.

Das heilige geheime Kapitel der Schottischen Ritter versammlet sich auf zweierlei Art. Entweder zur Aufnahme -oder- zu den gewöhnlichen Arbeiten dieses Grades. Von ersterer wird nachher gehandelt werden. Die Arbeiten aber geschehen in einer monatlichen Versammlung ohne Feierlichkeiten. Man sitzt ohne maurerische Kleidung, wie zu einer Conferenz an einem grünbedeckten Tische; der Präfekt oben an. Kein Priester des Ordens ist dabei gegenwärtig. Der Kanzler führt das Protokoll, und sitzt neben dem Prä-

Präfekt. Die Uebrigen setzen sich nach dem Alter der Aufnahme zu beiden Seiten. Die Verrichtungen aber dieses Grades bestehen in folgenden: Das geheime Kapitel hat nemlich die Direction des ganzen untern Gebäudes, mithin sowohl der Pflanzschule als der niedern Freimaurerei.

I. Nähere

I.

Nähere Nachrichten und Instructionen, das Ganze betreffend.

1) Die Schottischen Ritter sollen wohl bedenken, daß sie Vorsteher einer großen Anstalt zum Besten der Menschheit sind. Also muß bei ihnen alle Eitelkeit, eine Rolle im Orden zu spielen, wegfallen. Ein jeder muß hier auf seinem Platze wirken, soviel und so gut er kann, muß nur daran denken, diese Stelle, in welcher er nützlich zu seyn Gelegenheit hat, würdig auszufüllen, muß aller kleinen elenden Eitelkeit entsagen, nicht für einen Obern gelten wollen, durchaus niemand anwerben, sich nicht um das bekümmern, was außer seinem Departement ist, sondern alles, was ihn nicht angeht, an den Präfekt zu weiterer Besorgung berichten.

2) Dieser Präfekt ist im Orden unter dem Namen des Lokal-Obern bekannt.

3) Im

3) Im geheimen Kapitel übernimmt jeder Ritter eine gewisse Anzahl Magistratsversammlungen und Logen, referirt alles, was von diesen einläuft, indem solche, an ihn zu schreiben und die Berichte an ihn zu schicken, angewiesen werden, und zwar so, daß er alle Berichte, die Minervalversammlungen betreffend, durch den Referenten in der Schottischen Bruderloge, die Freimaurersachen aber geradesweges aus der Beamtenloge geschickt bekomme.

4) Da unsre äußre Einrichtung nie genug durchgedacht, nie fein genug ausgearbeitet werden kann, so soll jeder Schottische Ritter alle Mängel beobachten, Entwürfe machen, wie in einer Provinz der Zusammenhang unter den Mitgliedern enge und genau, die Unterwürfigkeit ohne Sklaverei strenge könne erhalten, und alle Eigennützigkeit beiseite geschaft werden. Dieß alles aber soll er den weitern Obern, so oft ihm dergleichen aufstößt, einberichten. Folglich sollen die Ritter **jede fremde gute Einrichtung zu erforschen**, und auf die Spur aller Nachstellung, welche man uns legt, zu kommen trachten.

5) Da diese oft eintretende Lokal- und Temporalumstände uns zuweilen nöthigen, kleine Veränderungen in der äußern Einrichtung des Operationsplans zu machen: so sollen die Ritter die Untergebenen

nen dazu vorbereiten, solche kleine Umänderungen, welche nie die Harmonie des immer gleich planmäßigen Gebäudes zerstören, zu erwarten, und nicht zu glauben, daß darunter das Ganze leide.

6) Ueberhaupt muß der Schottischen Ritter vorzüglichstes Studium seyn, auf alle Menschen zu wirken, wie es ihnen gefällt, weltklug ohne Falschheit, vorsichtig, beredt ohne Geschwätzigkeit, einschmeichelnd und unermüdet zu Durchsetzung des Zwecks zu seyn. Wer an sich den Fehler bemerkt, sich im Reden zu übereilen, der soll auf eine Frage oder Anrede, welche verfänglich seyn könnte, einen Augenblick Stillschweigen beobachten, um sich indessen sammlen zu können.

7) Unter keinerlei Vorwand soll ein Oberer von einem Untergebenen irgend eine Wohlthat, irgend eine auch noch so kleine Gefälligkeit annehmen. Wir müssen immer nur geben, nie nehmen.

8) Wenn man sich von keinem Mitgliede des Ordens Rezeptionsgelder bezahlen läßt, so ist es begreiflich, daß die eigentlichen Kassen des Ordens sehr geringe bleiben, und daß man viel edle Zwecke in der Welt unausgeführt lassen muß, welche nur mit Geld durchzusetzen sind. Die monatlichen Beiträge der untern Klassen reichen bei weiten nicht zu, die Unkosten des Briefwechsels, verschiedener Rei-

sen und andrer zu Unterhaltung eines so ungeheuren Werks erforderlichen Ausgaben zu bestreiten. Unsre Erlauchtesten Obern geben nun zwar großmüthig beträchtliche Summen her, um Brüder zu unterhalten, die sich ganz den Geschäften des Ordens widmen und kein Vermögen haben; allein mit dem allen wäre es doch zu wünschen, daß wir Mittel fänden, auch in einzelnen Provinzen in Besitz von beträchtlichem Vermögen zu kommen, um kräftiger für das Glück der Welt und unsrer Brüder wirken zu können. Wie man es in Ansehung der Freimaurergelder anzufangen habe, kömmt im Folgenden vor. Die Schottischen Ritter sollen aber auch auf andre Art bedacht seyn, zu Vermehrung der Kassen Plane zu entwerfen und auszuführen. Wer diese Stuffe erreicht hat, dem kann kein Zweifel mehr über die edle Anwendung der Gelder übrig seyn. Man nimmt von den Untergebenen nicht gerne etwas bezahlt, theils, um bei denselben kein Mißtrauen zu erwecken, theils, damit sie nicht für ihr Geld ein Recht zu haben glauben, mehr Kenntnisse zu fordern. Wir aber müssen nach besten Kräften dem Gebäude in unsern Gegenden nach und nach aufhelfen, bis einmal unsre Fonds groß genug sind. Deßwegen giebt jeder Schottischer Ritter freiwillig

jährlich

jährlich etwas Gewisses, welches er gleich nach seiner Aufnahme bestimmt. Es sey nun viel, wenig oder gar nichts, je nachdem es seine Umstände und sein Herz erlauben. Dagegen ist er aber von den gemeinen monatlichen Beiträgen frei. Man soll auch nach den Umständen suchen, die Schottischen Brüder zu einem freiwilligen Beitrage unmerklich zu stimmen.

II. In

II.

Inſtruction,
die untern Klaſſen betreffend.

1) Das geheime Kapitel ſoll Sorge tragen, daß niemand ein Amt in den untern Klaſſen bekomme, der nicht die gehörigen Grade hat. Der Magiſtrat der Minervalverſammlung beſteht aus kleinen Illuminaten. Der Obere der Minervalverſammlung muß großer Illuminat ſeyn, oder Schottiſcher Bruder. Die Freimaurerlogen werden durch die Beamtenlogen regiert, welche immer ſtärker, als der übrige Theil ſeyn müſſen. Der größte Theil dieſer Beamten muß aus größern Illuminaten beſtehen. Der Meiſter vom Stuhl jeder Loge und der deputirte Meiſter ſitzen im geheimen Kapitel. Die Beamten der Schottiſchen Loge ſind dieſelben, die im geheimen Kapitel Aemter haben.

2) Was die Q. L. *) betrift, ſo erbricht, mit Erlaubniß der höhern Obern, die Magiſtratsverſammlung

*) Quibus licet.

d. H

lang die Zettel der Novizen, thut provisorische Verfügung, und legt diese Q. L. ihren Berichten als Beilagen bei. Was der Minerval einberichtet, wird nicht in der Magistratsversammlung, sondern erst in der Schottischen Loge erbrochen. Die Q. L. der einzelnen Magistrate werden im Kapitel eröfnet. Hier werden dann alle Q. L., wenn sie nicht etwas ausserordentlich Wichtiges enthalten, vom Lokal-Obern kassirt, und nur ein allgemeiner Bericht an den Provinzial-Obern abgesendet. Die Q. L. der Ritter gehen unerbrochen an die Provinzialloge. Daß die mit Soli oder Primo überschriebenen durch alle Klassen unerbrochen durchlaufen, versteht sich von selbst. Die Berichte an die Provinzialloge verfaßt der Lokal-Obere allein.

3). Die monatlichen und vierteljährigen tabellarischen Berichte, Conduitenlisten ꝛc. werden aus den verschiedenen Magistratsversammlungen an die grössern Illuminaten eingeschickt. Daselbst hat jeder Schottischer Bruder ein Departement. Die Berichte, welche in dieß Departement gehören, werden von ihm in Einen zusammengezogen, folglich ein ganzer Bericht, eine ganze Tabelle, eine ganze Liste über sein ganzes Departement aufgestellt. Auf diese Art kommen sie in das geheime Kapitel, wo wiederum alles in Departements vertheilt ist. Jeder Ritter

zieht

zieht den Bericht, wo möglich, noch mehr in die Kürze, und überliefert ihn dem Präfekt, dem er überhaupt über sein Fach referirt. Der Präfekt macht aus den Generalextrakten aller dieser Berichte einen Hauptbericht, welchen er der Provinzialloge einschickt.

4) Die Tabellen über die Insinuaten können beim Magistratsarchive liegen bleiben. Auch wird dort die Aufnahme ohne weitere Anfrage verfügt. Die Tabellen und Reverse der Aufgenommenen aber laufen im Original bis zur Provinzialloge, und es notirt nur jeder Illum. Major und Dirigens den neuen Anwachs in seinem Departements-Verzeichniß an.

5) Will der Minerval Freimaurer werden, und dafür bezahlen, so kann ihn die Beamtenloge für sich aufnehmen. Will er's unentgeltlich werden, so muß durch die Schottische Loge beim Kapitel angefragt werden.

6) Abhandlungen und Aufsätze von geringem Werth bleiben bei der Magistratsversammlung liegen, die bessern werden an das geheime Kapitel eingeschickt, und dem Lokal-Obern ist alsdann angewiesen, was weiter damit vorgehen soll.

7) Hält man es für nöthig, den Minervalmagistraten hier und da heimliche Zensoren zu geben,

so

so soll man doch mit diesem Amt umwechseln, theils, damit es nicht gemerkt werde, theils, um **Beobachtungen von verschiedenen Köpfen zu erhalten.**

8) Das geheime Schottische Kapitel soll sorgen, daß, bevor ein Schottischer Novitz Ritter werde, er die ihm bei seiner ersten Aufnahme befohlne Lebensbeschreibung des Mannes, dessen Namen er trägt, abliefere; auch die bis dahin rückständige Pensa.

9) Sobald jemand zum Schottischen Ritter vorgeschlagen wird, so sollen die sämmtlichen Akten über seine Person, als sein Charakter, Lebenslauf ꝛc. an die Provinzialloge, nebst den Erläuterungen, neu hinzugekommenen Bemerkungen, und einem kurzen Bilde von den Eigenschaften des Mannes im Ganzen, an die Provinzialloge eingeschickt werden.

10) Das Kapitel soll aber auch sorgen, daß die Lebensläufe nicht bloß kurze Erzählungen der Begebenheiten, sondern Geschichte des Herzens enthalten, und während jemand mit dieser Arbeit beschäftigt ist, soll er von andern Ordensarbeiten dispensirt werden. **Hat er geheime Züge aus seinem Leben zu entdecken,** so kann er solche unter Aufschrift: Soli, einberichten.

11) Da die Minerval-Obern, welche allezeit größere Illuminaten, und die Meister vom Stuhl,

welche

welche allezeit Schottische Ritter sind, den Versammlungen dieser Grade, wenn das Kapitel und die Schottische Loge nicht gerade an demselben Ort sind, nicht immer beiwohnen können; so sollen dieselben und überhaupt abwesende Mitglieder nicht verlangen, über jeden kleinen Punkt befragt, oder davon, bei der ohnehin so weitläuftigen Korrespondenz, benachrichtigt zu werden. Jeder muß da der Neugier und Eitelkeit entsagen, und auf seinem Platze zum Besten des Ganzen wirken, was er kann.

12) Die Schottischen Ritter sollen sorgen, daß die Illum. majores nicht versäumen, in ihren Q. L. anzuzeigen, welche Bedienungen sie zu vergeben haben.

III.
Instruction,
in Ansehung der Freimaurerlogen.

1) Soll das geheime Kapitel Sorge tragen, daß in allen irgend beträchtlichen Städten seines ihm angewiesenen Distrikts Logen der drei ersten Freimaurergrade angelegt, und in solche gute, moralische, angesehene, wohlhabende Leute aufgenommen werden, wenn diese auch sonst zu unsern höhern Zwecken nicht brauchbar sind.

2) Die Konstitutionen muß das geheime Kapitel in der Landessprache nach dem Formular (Beilage A.) auf den weltlichen Namen des Meisters vom Stuhl ausfertigen, der zuerst dieß Amt bekleiden soll.

3) Sind schon Logen der andern sogenannten Freimaurersysteme dort etablirt, so soll man entweder daneben eine ächte anlegen, oder wenn dieß wegen Unbequemlichkeit des Orts, oder andrer Umstände wegen nicht angienge, so soll man in jenen Logen heimlich das Uebergewicht zu erhalten,

ten, und dieselben entweder zu reformiren oder zu sprengen suchen.

4) Will jemand das Recht der Erlauchten Obern, Logen zu errichten, bezweifeln, so sagt man ihm, man erlaube ihm dieß gerne. Das Gute, Wahre, wär's auch noch so neu, sey allein ächt, und wenn er irgendwo etwas Besseres, Wichtigeres, Nützlicheres für die Welt mit eben so leichter Mühe erhalten könne, so soll er nur dahin gehen und sagen, er sey von uns betrogen.

5) Man soll unsern Leuten wohl einprägen, daß sie sich hüten, ohne ausdrückliche Erlaubniß der Obern, eine von den sogenannten Logen zu besuchen, welche von England aus oder sonst konstituirt worden sind, und welche, außer einem unterschriebenen und besiegelten Briefe, einigen Sinnbildern, welche sie entweder gar nicht, oder ganz falsch verstehen, und einigen nichtsbedeutenden Ceremonien, von der wahren Freimaurerei, ihren hohen Zwecken und ihren höchsten Obern nichts wissen. Auch kann, aus sehr viel Gründen, nicht leicht jemand von ihnen, obgleich sehr würdige Männer darunter sind, bei unsern Logenversammlungen zugelassen werden. Nur eine Loge ist in Deutschland, die nicht mehr mit unsern höchsten Obern in Verbindung steht,

steht, aber doch aus ächter Quelle konstituirt worden ist. Allein sie arbeitet nicht mehr.

6). Obgleich jeder Minerval Freimaurer werden muß, so darf er doch nicht merken, daß man ihn dazu bewegen will, und daß seine weitere Beförderung davon abhängt; sondern es muß dieser Wunsch, wo möglich, ganz von sich selbst in ihm bestehen. Bittet er nun um Erlaubniß, Freimaurer zu werden, so entdeckt man ihm, daß der Orden in unmittelbarer Verbindung mit der einzigen wahren ächten Maurerei stehe, und man ihm die Mittel erleichtern könne, zu diesem zu gelangen.

7) Das Kapitel selbst soll sorgen, daß diejenigen von unsern Leuten, welche etwan gegen die Freimaurerei eingenommen sind, nach und nach von diesem Widerwillen zurückkommen, und bei ihnen Lust entstehe, Maurer zu werden. Man kann ihnen begreiflich machen, wie wenig wahrhaftig erleuchtete Freimaurer es gebe, und daß diejenigen Logen, welche ihren Widerwillen gegen die Sache erregt haben, keine ächten Logen sind, möchten sie auch die besten Konstitutionen haben. Die Freimaurerei ist eine Kunst, eine Wissenschaft, kein Handwerk. Sie erfordert Studium. Ihre Aechtheit beruhet auf Kenntnissen, nicht auf Verbriefungen.

8) Hat

8) Hat ein Minerval sehr wichtige Gründe, nicht öffentlich Freimaurer werden zu wollen, als welches der Präfekt beurtheilen muß: so kann er auch, mit Erlaubniß der Provinzialloge, heimlich aufgenommen werden.

9) Die Schottischen Ritter sollen sorgen, daß in denen ihnen untergeordneten Logen alles gesetzmäßig und gleichförmig zugehe. Eine ihrer Hauptsorgen muß die Präparation des Kandidaten seyn. Hier unter vier Augen muß man dem Manne zeigen, daß man ihn genau kennt. Man muß ihn durch verfängliche Fragen in Verlegenheit setzen, damit man sehe, ob er Gegenwart des Geistes habe; und wenn er nicht fest in seinen Grundsätzen ist, und hier Blöße zeigt, so soll man ihn das fühlen lassen, damit er empfinde, wie viel ihm noch fehlt, wie sehr er unsrer Leitung bedarf.

10) Wenn jemand schon in einem andern System Freimaurer geworden, und zu unsern Logen übergeht, so bezahlt er eine kleine Taxe, und muß uns den Gehorsam durch einen Handschlag leisten. Will ein solcher, oder überhaupt ein Freimaurer unsers Systems weiter befördert werden, taugt aber zu unsern höhern Zwecken nicht, so muß man ihm das auf eine geschickte Art begreiflich machen. Dringt er dennoch darauf, mehr Frei-

mau-

maurergrade zu bekommen, und scheint geneigt, bei andern Systemen Aufklärung zu suchen, so kann man ihm alles, was er in solchen Systemen lernen würde, mittheilen. Hierbei ist aber zu bemerken: a) daß man ihn nicht betrügen, sondern ihm voraus sagen soll, daß er keine Befriedigung in diesen Graden finden werde. Und wenn er dann noch Lust hat, sich anführen zu lassen, so kann er wählen, welches System er näher kennen lernen will. b) Er muß aber sodann seine Thorheit mit einiger Gelderlage büßen. c) Alsdann bekommt er, auf Ansuchen des geheimen Kapitels, die Grade von der Provinzialloge versiegelt zugeschickt. Nachher muß er sie wieder abliefern.

11) Da heut zu Tage mit der Königl. Kunst viel Spielwerk getrieben, und manches neue System erfunden wird, so sollen die Schottischen Ritter alle unächten Grade sammlen und an die Provinzialloge einschicken, damit man jeden Neugierigen befriedigen könne.

12) Aus den Instructionen der Beamten der untergebenen Logen ist schon bekannt, daß ohne Anfrage keine Gelder von derselben dürfen verspendet werden. Der deputirte Meister jeder Loge, der auch Mitglied des geheimen Kapitels, und überhaupt der heimliche Zensor der Loge ist, muß sorgen,

daß

daß die Logen immer das Ansehen behalten, als wenn sie über ihre Gelder disponirten, aber solche müssen nach unsern Endzwecken verwendet werden. Will man also einem Ordensmitgliede eine Hülfe verschaffen, so läßt man der Loge, zu der er gehört, den Vortrag deßfalls thun, oder wenn er nicht Freimaurer ist, sucht man die Sache doch durchzusetzen. Vom Kapital der Loge aber darf nie etwas angegriffen werden, damit wir einst zu größern Unternehmungen Kräfte haben. Der zehnte Theil der reinen Logeneinnahmen wird jährlich an das geheime Kapitel eingeschickt. Der Schatzmeister sammlet diese Summen, und sucht durch allerhand Entreprisen den Fond zu vermehren, worüber er sich die Bestimmung des Kapitels erbitten muß. Auf Anweisung des Kapitels müssen die Logen gegen Quittung Gelder hergeben, doch nur auf eine bestimmte Zeit, und das Kapitel muß ihnen billige Zinsen vergüten. Denn übrigens bleibt eine jede Loge Meister über ihre Fonds, muß aber vierteljährige Etats einschicken, so wie denn auch das geheime Kapitel der Provinzialloge einen Hauptkosten-Etat vierteljährig überreichen, und von selbiger Befehle wegen Verwendung der Zinsen zu irgend einem Zwecke erwarten muß. Alle drei Jahre aber

kom-

kommen auf Befehl der Provinzialloge Deputirte von jedem ihrer Kapitel zusammen, untersuchen den Fond der Provinz, und überlegen, wie man im Ganzen denselben am besten anlegen könne. Die Provinzialloge bestimmt auch, wie viel jedes Kapitel monatlich zu Bestreitung der Unkosten des Briefwechsels und andrer Ausgaben, welche bei der Direction der Provinz vorfallen, entrichten soll.

13) In Logen, die nicht zu unserm System gehören, soll man suchen, es vermöge der Uebereinstimmung dahin zu leiten, daß man Brüdern, denen man helfen will, bevor man unsre Gelder angreife, aus diesen Fonds Unterhalt oder Hülfe verschaffe, und überhaupt die von solchen Logen gewöhnlich schlecht verwendeten Gelder zu unsern großen Zwecken verwende.

14) Das geheime Kapitel muß sorgen, daß die Logen nie über 30 anwachsen, und daß die Beamtenlogen die übrigen immer überstimmen können.

15) Die Logenverzeichnisse bleiben hier liegen, und es werden nur die Generalextrakte daraus an die Provinzialloge eingeschickt.

C   16) Wenn

16) Wenn erfahrne *) Freimaurer zum Orden angeworben werden, so stehen dieselben unter unmittelbarer Leitung der Schottischen Ritter.

*) Welcher erfahrne Freimaurer könnte hier vergessen? — Die Logen-Betrauten!!!!

d. H.

IV.
Nachricht von der Aufnahme in diesen Grad.

1) Wer in diesen wichtigen Grad aufgenommen werden soll, der muß erst Proben gegeben haben, daß er sich denjenigen Unterricht, welchen man ihm im großen Illuminatengrade oder im Schottischen Noviziate zu Erkenntniß seiner selbst und andrer ertheilt, zu Nutze gemacht habe. Zu diesem Endzweck muß er sich fleißig üben, die Semiotik der Seele ins Helle zu setzen.

2) Es bekommt auch jeder Illuminat. Major vom geheimen Kapitel von Zeit zu Zeit Fragen vorgelegt, welche er beantworten muß, und welche dahin abzielen, ihn zu prüfen, wie er aus äußern Zeichen auf den Zustand der Seele schließe. Z. B. Was für eine Gemüthsart zeigt ein unsicherer irrender Blick an? Aus welchen Zeichen kann ich etwa schließen, daß der Mensch wollüstig, schwermüthig, furchtsam sey? ꝛc.

3) Ist das geheime Kapitel bei öfterer Wiederholung solcher Uebungen mit der fleißigen und scharfsinnigen Beantwortung dieser Fragen zufrieden: so wird der Kandidat im geheimen Kapitel vorgeschlagen. Jeder sagt offenherzig seine Meinung über ihn, und es bleibt sodann dem Präfekte überlassen, alle Gründe abzuwägen, und zu entscheiden, ob der Vorgeschlagene aufgenommen werden soll, oder nicht.

4) Ist seine Aufnahme beschlossen, so kündigt es ihm der Präfekt an, sagt aber dabei, er sey lange genug Mitglied des Erlauchten Ordens, um von der Vortreflichkeit seiner Einrichtung und Unschuld der Zwecke überzeugt zu seyn. Jetzt stehe es aber noch in seiner Macht, diese Verbindung entweder ganz aufzugeben, oder im Schotten Noviziat stehen zu bleiben, so lange er wolle. Beharre er aber bei dem Vorsatze, zum Schottischen Ritter aufgenommen zu werden, so müsse er sich entschließen, folgenden Revers zu unterschreiben.

———

Revers.

Ich Endesunterschriebener verbinde mich, vermöge dieses Reverses, dem hochwürdigen Orden der Illuminaten, in welchem ich bis jetzt die beste Befriedigung

gung, für mein Herz und für meinen Verstand gefunden habe, von nun an und mein ganzes Leben hindurch, in so fern treulich anzugehören, daß ich

1) keinem andern Systeme der Freimaurerei, oder irgend einer andern geheimen Verbindung anhängen, noch für solche arbeiten, sondern

2) so lange es meine Umstände leiden, für irgend eine solche Verbindung thätig zu seyn, ich meine Kräfte und Kenntnisse allein diesem erlauchten Orden widmen wolle.

3) Sollte ich aber (welches mir jederzeit frei steht) den Orden ganz verlassen wollen, daß es mir dann doch nie erlaubt seyn soll, mich auf eine andre dergleichen geheime Verbindung einzulassen.

Ich erkenne diese Foderungen um desto mehr für billig, da ich

a) bis jetzt noch nirgends so herrliche Vorschriften zu meinem und der Welt Glück, als hier, erhalten, und auch nirgends eine beßre und nützlichere Freimaurerei gefunden habe, mithin

b) alle Ursache finde, die hohen Obern dieses Ordens als die ächten unbekannten Obern der Freimaurerei anzuerkennen,

c) da mich dieser erlauchte Orden nicht abhalten will, im Fall meine bürgerliche Verhältnisse,

oder

oder meine Unzufriedenheit mit den erhaltenen
Kenntnissen mich dazu bewegen sollten, aus
demselben zu treten,

d) meine Obern aber mit Recht fodern können,
daß ich alsdann nie die hier erhaltenen Anwei-
sungen zum Nutzen andrer Verbindungen an-
wende, sondern

e) im Gegentheil, da ich von der vortreflichen
Grundlage des Ordens der Illuminaten, und
von dessen Bereitwilligkeit, jedes Gute anzu-
nehmen, nun sattsam überzeugt bin, es meine
Pflicht ist, sie, ohne solche zu verrathen, auf
die von meinen jetzigen Obern mir vorge-
schriebene, allein auf das Glück der Welt
zielende Art anzuwenden, und also zu Ausführung der Ordenszwecke zu nützen.

Dieß alles verspreche ich freiwillig und ohne geheimen Vorbehalt, bei meiner Ehre und gutem Namen!

(L. S.)   (Weltlicher Name.)

Versteht sich der Kandidat zu Ausstellung dieses
Reverses, so wird sodann der Tag seiner Aufnahme
angesetzt.

V. Von

V.
Von den feierlichen Kapiteln zur Aufnahme.

1) **Das** geheime Kapitel wird in einem Zimmer gehalten, welches grün tapezirt, und, so viel es die Umstände leiden, ansehnlich verziert und erleuchtet werden muß.

2) Unter einem Thronhimmel von eben der Farbe sitzt 2 Stufen hoch der Präfekt mit Stiefeln und Spornen. Er trägt die Ritterschürze mit dem grünen Kreuze, den Ordensstern auf der linken Brust; über der rechten Schulter her ein breites Ordensband, woran unten der Andreas = Orden hängt. Er führt einen Hammer in der Hand.

3) Alle übrigen Ritter tragen Stiefeln und Spornen, Schürzen, Handschuhe, um den Hals an einem grünen Bande das Kreuz. Alle haben Degen an der Seite, die Beamten aber Federbüsche auf den Hüten.

4) Außer dem Präfekt muß das Kapitel wenigstens aus 6 Personen bestehen und darf nie über 12 an=

12 anwachsen, den **Priester** ausgenommen, welcher nicht mitgerechnet wird.

5) Dem Throne des Präfekts zur Rechten steht der Schwerdtträger mit dem Ordensschwerdte in der Hand; links aber der Ceremonienmeister mit dem Stabe und Ritualbuche, welches er dem Präfekt überreicht, so oft ers nöthig hat.

6) Ueber dem Haupte des Präfekts brennt der flammende Stern.

7) In der Mitte des Zimmers steht ein Tisch, und darauf 4 Lichter, Tintenfaß, Papier, die Ritterschürze, das Band und der Degen des Aufzunehmenden. Zu beiden Seiten des Tisches sitzen der Kanzler und der Schatzmeister.

8) Ganz unten am Ende des Zimmers sitzen die 2 Oberaufseher mit Hämmern und den Ritualbüchern.

9) Alle übrigen Ritter sitzen an beiden Seiten, und den Fremden weist man oben Ehrenplätze an.

10) So oft der Präfekt mit einem Ritter redet oder derselbe etwas vorzutragen hat, so muß er aufstehen und den Degen ziehen, und wenn er ausgeredet hat, selben wieder einstecken.

11) Der Altschottische Obermeister in der Rosischenloge (großen Illum. Grade) ist hier Präfekt; der geheime Secretair Kanzler, der Introductor,

Eere

Ceremonienmeister, der Schatzmeister und die Aufseher sind dieselben Personen.

12) Da in jedem geheimen Kapitel ein Priester des Ordens gegenwärtig ist, so sitzt derselbe ohne Ehrenzeichen mit entblößtem Haupte, weiß gekleidet, dem Throne rechter Hand vorwärts.

13) Die dienenden Brüder kommen nicht in das Zimmer, sobald das Kapitel eröfnet ist.

VI. Er-

VI.
Eröfnung des Kapitels.

1) Wenn jeder an seinem Platze ist, thut der Präfekt einen Schlag, dergleichen der erste Aufseher — der zweite Aufseher.

Präfekt sagt: Hochwürdiger Bruder, zweiter Oberaufseher, ist das Kapitel gedeckt?

Zweiter Oberaufseher zieht den Degen und sagt: Ja, die Thür des Vorhofs ist geschlossen. (er steckt ein.)

Präfekt. Hochwürdiger Bruder, erster Oberaufseher! ist es gerechte Zeit, das Kapitel zu eröfnen?

Erster Oberaufseher zieht den Degen und sagt: Ja, es ist die rechte Zeit! (steckt wieder ein.)

Präfekt. So eröfne ich dieß heilige Kapitel im Namen des höchsten Baumeisters und durch die Kraft des alten Meisterworts.

(Er thut die Schläge, erster Oberaufseher wiederholt sie, der zweite Oberaufseher ebenfalls.)

Alle

Alle Brüder ziehen den Degen, stecken wieder ein.

Der Priester giebt stillschweigend den Segen.

Alle Ritter machen das Zeichen des Grabes, indem sie die Hände kreuzweis auf die Brust legen, sie setzen sich alsdann.

2) Darauf trägt der Präfekt die Ursache der Zusammenkunft, die Aufnahme des Schottischen Bruders vor; der Kanzler liest den von ihm ausgestellten Revers ab, und der Ceremonienmeister wird abgeschickt, um den Kandidaten seine Aufnahme anzukündigen.

VII. Ritual

VII.
Ritual bei der Aufnahme.

1) Der Ceremonienmeister legt das Ritualbuch auf den Kanzleitisch, geht mit dem Stabe in der Hand hinaus zum Kandidaten, kündigt ihm die Einwilligung des geheimen Kapitels zur Aufnahme an, nimmt ihm den Degen ab, und bringt selchen herein, legt ihn auf den Tisch und stattet von seinem Geschäfte Bericht ab.

2) Sodann wird er nochmals hinausgeschickt, um den Kandidaten an die Thür zu bringen. Dieser ist als Schottischer Bruder bekleidet, hat den Hut auf dem Kopfe und Stiefeln an.

3) Ehe er an die Thüre kommt, muß er, nach altem Schottischen Brauch, die Hände waschen.

4) Hierauf zieht der Kandidat die Handschuhe wieder an, und der Ceremonienmeister nimmt ihn bei der Hand, und führt ihn an die Thür.

Ceremonienmeister schlägt 4 mal.

Zweiter

Zweiter Oberaufseher wiederholt die Schläge.

Erster Oberaufseher gleichfalls.

Präfekt gleichfalls. — Hochwürdiger Bruder, zweiter Oberaufseher, sehen Sie, wer da ist!

Zweiter Oberaufseher zieht den Degen und frägt: Wer ist da?

Ceremonienmeister. Hier ist ein Schottischer Bruder, welcher sehnlich wünscht, ins innere Heiligthum eingelaßen zu werden.

Zweiter Oberaufseher wiederholt dieß.

Erster Oberaufseher gleichfalls.

Präfekt. Fragen Sie ihn, wie er heiße?

Erster und zweiter Oberaufseher wiederholen dieß.

Ceremonienmeister. Es ist Burder (Ordensname) den die Obern geprüft haben.

Erster und zweiter Oberaufseher wiederholen dieß.

Präfekt. Oefnen Sie ihm die Thür des Heiligthums und laßen Sie ihn hereintreten.

Zweiter Oberaufseher. Führen Sie ihn herein.

Der Ceremonienmeister nimmt den Kandidaten bei der Hand, führt ihn feierlich bis an den Thron, so daß er mit dem Rücken nach dem Kanz-

lei-

kritisch hinsieht, darauf nimmt er das Ritualbuch, überreicht es dem Präfekt und stellt sich an seinen Platz.

Präfekt. Glücklich bist Du, der Du diese geweihten Schwellen betreten darfst! Wir nehmen Dich in unsern Schooß auf: Segne ewig den Tag, da wir Dir das Thor öfneten, zu welchem nur der Weise und Redliche Eingang findet. Hier siehest Du einen Theil der unbekannten heiligen Legion, verknüpft durch unauflößliche Bande, um für die Menschheit zu streiten. Willst Du Dich würdig machen, das innere Heiligthum zu bewachen, so muß Dein Herz rein und lauter, Dein Geist von göttlichem Feuer für die Würde Deiner Natur entbrannt seyn. Dieser Schritt ist der wichtigste Deines Lebens. Wir spielen nicht mit Ceremonien, und wenn wir Dich heute zum Ritter schlagen, so denke, daß wir auch große, edle, ritterliche Thaten von Dir erwarten. Heil Dir! wenn Du unsre Hofnungen nicht täuschest, wenn Du treu bleibst, wenn Du bieder und gut bist! Fluch und Schande für Dich, wenn Du abtrünnig bist! der ewige Baumeister wird Dich in den Abgrund zurück stoßen! (auf den Stufen verm Throne liegt ein Polster) — Jetzt kniee nieder und schwöre auf dieses Schwerdt!

(Der Kanzler steht auf, empfängt vom Präfekt das Ritualbuch, aus welchem er den Eid vorliest.)

(Der

(Der Präfekt nimmt vom Schwerdtträger das Ordensschwerdt, und läßt den Kandidaten niederknieen, welcher 2 Finger in die Mitte auf das Schwerdt legt, indem alle Ritter aufstehen und die Degen ziehen. Der Präfekt sitzt.)

Rittereid.

Ich N. N. gelobe und schwöre die treueste Erfüllung des von mir vor einigen Tagen ausgestellten Reverses. Ich verspreche Gehorsam den erlauchtesten Obern, Eifer für das Wohl des Ordens. Ich verpflichte mich, so viel an mir liegt, keinem Unwürdigen zu dem Eintritt in die geheiligten Grade des Ordens behülflich zu seyn. Ich verbinde mich zur Aufrechthaltung der alten Freimaurerei gegen die Aftersysteme nach meinen Kräften zu wirken. Ich will von nun an der Unschuld, der Armuth, den Nothleidenden, und jedem gedrückten Redlichen, wo ich Gelegenheit finde, ritterlich beistehen. Nie will ich ein Schmeichler der Großen, nie ein niedriger Fürstenknecht seyn. Sondern muthig, aber mit Klugheit für Tugend, Freiheit und Weisheit streiten. Dem Aberglauben, dem

Laster,

Laster, dem Despotismus will ich, wo es dem Orden und der Welt wahren Nutzen bringen kann, kräftig widerstehen. Niemals werde ich das Wohl des Ganzen und das Glück der Welt meinen Privatvortheilen aufopfern. Meine Brüder will ich gegen Verläumdungen männlich vertheidigen, der reinen wahren Religion und den Lehren der Freimaurerei fleißig nachspühren, und meinen Ordens Obern Nachricht geben, wie weit ich es darinn gebracht habe. Ueberhaupt aber werde ich den erlauchtesten Obern als meinen treuesten Freunden mein Herz öfnen, und den Orden, so lange ich ein Mitglied desselben bin, als meine Hauptglückseligkeit ansehen. Uebrigens gelobe ich, die Erfüllung meiner häuslichen, geselligen und bürgerlichen Pflichten meinem Herzen heilig seyn zu lassen. So wahr mir Gott helfe, und so lieb mir das Glück meines Lebens, und die Ruhe meines Herzens ist! —

(Die Ritter stecken ihre Degen wieder ein und setzen sich. Der Präfekt empfängt vom Kanzler das Ritualbuch, nimmt es in die linke Hand und in die rechte das Schwerdt.)

Präfekt. (schlägt den Kandidaten mit dem Schwerdt auf die Schulter) Ich schlage Dich zum Ritter des heiligen Andreas, nach ächtem Brauch unsrer Schottischen Vorfahren, durch die Kraft des alten Meisterworts.

worts. Sey ein Kämpfer für Weisheit und Tugend, durch Deine Klugheit den Königen gleich, ein Freund des Fürsten und des Bettlers, wenn sie tugendhaft sind. Heilig sey Dir das Geheimniß Deines Freundes und seines Weibes Ehre.

(Er schlägt zum zweitenmal) Ich schlage Dich zum Schottischen Ritter im Namen unsrer Obern, welche die Obern der ächten Freimaurerei sind. Sey treu dem Orden, streite gegen die Verderbnisse, welche Dummheit und Bosheit erzeugen, und forsche nach Wahrheit.

(Er schlägt zum drittenmahl) Ich schlage Dich zum Ritter im Namen dieses geheiligten Kapitels und aller Schotten der Erkenntniß und Gewalt. Steh auf und beuge nie wieder Deine Knie vor dem, der ein Mensch ist wie Du!

(Der Schwerdtträger nimmt das Schwerdt; der Kanzler überreicht dem Präfekt den Degen des neuen Ritters. Der Präfekt giebt ihm solchen und sagt:)

Ich umgürte Dich mit dem Schwerdte; ziehe es, so oft der Orden, die gute Sache, und der gedrückte Unschuldige dessen bedarf.

(Darauf die Ritterschärze.)

Forsche den Geheimnissen der königlichen Kunst nach und sey Deines Eides eingedenk.

D (Sodann

(Sodann das Ordenszeichen.)

An diesem Bande hängt das Bildniß deß Mannes, der das Opfer seiner Grundsätze geworden ist. Sein Andenken war unsern Schottischen Meistern heilig.

Die Schottischen Ritter kennen das alte Meisterwort Jehova. Es ist die Loosung dieses Grabes.

Das Zeichen ist, daß man die Arme kreuzweise auf die Brust lege. — Der Griff ist, daß man des andern Ellnbogen mit der Hand fasse. — Um zu erforschen, ob einer ein ächter Schottischer Meister oder Ritter sey, fraget man ihn darum, dann muß er antworten: „Sieh mich an, ob Du kein Zeichen an mir wahrnimmst." — Man sagt: „Ja, ich sehe den flammenden Stern auf Deiner Stirn!" Sodann küßt man ihn auf die Stirne.

(Der Präfekt giebt nun dem Kandidaten den Kuß und spricht ferner) Sey uns willkommen, edler Ritter, in dieser heiligen Versammlung. Nun aber lege Dich hin auf Deine Knie vor dem obersten Baumeister, und danke ihm mit dem wärmsten Gefühl Deines Herzens, daß er so viel Gutes an Dir gethan hat.

(Der Kandidat kniet nieder, der Priester geht zu ihm und sagt:) Sey gesegnet durch die Kraft des Jehova.

hova. † Sey gesegnet durch den Geist, der alles Gute schaft. † Sey gesegnet von den Priestern und Königen im Erkenntnisse der Gewalt über das Sichtbare und Unsichtbare.

Sodann läßt man ihn aufstehen, und der Ceremonienmeister führt ihn zu allen Rittern herum, deren jeder ihm die Stirne küßt. Nach dieser Feierlichkeit weiset ihm der Ceremonienmeister seinen Stuhl an.

5) Darauf liest der Kanzler die Erklärung der maurischen Hyroglyphen (Beilage B.)

6) Sodann die Instruktionen I. II. III. — Hierauf wird der Katechismus (Beilage C.) durchgegangen.

7) Wird die Parole, welche durch den ganzen Orden geht, gegeben.

8) Endlich wird das ganze Kapitel, wie No. VIII. zeigt, geschlossen.

9) Nachher muß sich der Ritter zu Protokoll erklären, welchen jährlichen Beitrag er geben will, ob er kein Bedenken trage, den Liebesmahlen beizuwohnen, und welchen Wahlspruch pflegen die Ritter um ihre Familienpetschafte stechen zu lassen, und

nach

nach den Umständen pflegen sie auch das Ordens,
kreuz darinn zu führen.

10) Das Protokoll über dieß alles wird der Provinzialloge zugesendet.

11) Man giebt dem neuen Ritter die Chiffre. (Beilage D.)

VIII. Schluß

VIII.
Schluß des Kapitels.

Präfekt. Hochw. Br., erster Oberaufseher, hat noch einer von den Rittern etwas zum Besten des Kapitels vorzutragen?

Erster Oberaufseher zieht den Degen und fragt.

Wenn niemand antwortet, sagt der Präfekt: Hochw. Br., zweiter Oberaufseher, ist es gerechte Zeit, das Kapitel zu schließen?

Zweiter Oberaufscher zieht den Degen und sagt: Ja, Hochwürdigster Präfekt.

Präfekt. So schließe ich dann dieß heilige Kapitel im Namen des höchsten Baumeisters, in Kraft des alten Meisterworts. Er schlägt.

Erster Oberaufseher wiederholt die Schläge.

Zwei

Zweiter Oberaufseher ebenfalls.

Der Präfekt und alle Schottische Ritter ziehen den Degen, stecken ein und machen das Zeichen.

Der Priester giebt stillschweigend den Segen.

IX. Vom

IX.

Vom Liebesmahl oder Agape.

1) Es wird eine Tafelloge, wie gewöhnlich, aber in Kraft des alten Meisterworts eröfnet. Mäßigkeit, Strenge, Sittlichkeit, ächte Bruderliebe und Ergießung des Herzens zu unschuldiger sorgloser Fröhlichkeit müssen hier herrschen.

2) Mitten auf der Tafel steht ein Kelch, ein Krug voll Wein, ein kleiner leerer Teller, und ein Teller mit ungesäuertem Brodte. Alles ist mit einem grünen Tuche bedeckt.

3) Wenn die Tafel bald geendigt ist, und der Präfekt keinen Anstoß findet, klopft er bei dem Nachtische mit Schottischen Schlägen auf die Tafel, welches Zeichen die Oberaufseher beantworten. Alles ist stille und ruhig. Darauf hebt der Präfekt die Decke von den Gefäßen und dann geht folgendes vor:

4) Der Präfekt fragt zuerst, ob die Ritter in ihrem Gemüthe Ruhe und Frieden genug fühlen, um

um das Liebesmahl zu genießen? Wenn keiner Bedenken trägt, noch sich entfernen will, so spricht er, indem er den Teller mit Brod ergreift und vor sich hinstellt:

Jesus von Nazareth, unser größter Meister, war in der Nacht, da er von einem seiner Freunde verrathen, um der Wahrheit willen verfolgt, gefangen und zum Tode verurtheilt worden, noch einmal mit seinen vertrautesten Brüdern versammlet, ein Liebesmahl zu halten; welches auf vielfache Weise bedeutend für uns ist. Er nahm das Brod, (er nimmt es. Es sind nemlich kleine schmale Brodte, die man ausdrücklich dazu backen läßt) und brach es, (er bricht es in so viele Stücke, als Ordensbrüder zugegen sind: gemeiniglich sind's 2 kleine Brodte, deren jedes ungefähr 6 Stücke giebt; jedes Stück legt er auf den kleinen Teller, welcher neben dem Kelche stehen geblieben ist) und segnete es, (der Präfekt hält mit der linken Hand den kleinen Teller in die Höhe, und giebt mit der rechten den Segen †) und theilte es unter seine Jünger aus und sprach: Nehmet hin dieses Brod, und esset es! Es sey das Zeichen unsers heiligen Bündnisses, so für euch dahin gegeben, wie nun bald dieser mein Leib euch und allen, die mich lieben, wird geopfert werden. (er setzt den Teller hin) Also nahm er auch den Kelch am Ende der Mahlzeit (nimmt den Kelch und setzt ihn

ihn vor sich hin) **und segnete ihn.** (hebt ihn mit der linken Hand in die Höhe und macht mit der Rechten das †. Dann stellt er ihn wieder mitten auf den Tisch) Dann sprach er: Nehmet hin und trinket diesen Wein! Er sey euch geweihet, wie das Blut, das ich bald für euch vergießen werde, zu eurem Heil vergossen wird. Dieß bevestige unsern Bund aufs neue. So oft ihr, so wie wir heute, in heiliger Eintracht versammlet seyd, dieß Liebesmahl zu genießen, sollt ihr euch meiner erinnern, und meinen Tod verkündigen, bis ich einst wieder verklärt mit euch zum Leben vereinigt mitten unter euch seyn werde.

Nun, meine Brüder, so laßt uns dann (während dieser Worte giebt er den kleinen Teller mit Brodt herum. Jeder nimmt sein Stück, behälts in der Hand, und giebt den Teller weiter; der Präfekt nimmt das letzte Stück und setzt den Teller vor sich hin) unsers liebsten Meisters Andenken mit reinem Herzen feiern. Ein jeder prüfe sich wohl, ob Liebe in seinem Herzen wohnt. Wehe dem, der unwürdig ißt und trinkt; der dieses heilige Bündniß nicht werth ist! Er genießt es sich selbst zur Pein, zum Gericht und zum Verderben. (Jetzt genießt der Präfekt, und mit ihm jeder Ritter still und andächtig das Brodt.)

Sodann nimmt der Präfekt den Kelch, trinkt zuerst daraus, und giebt ihn seinem Nachbar zur Rechten.

Rechten. Der Letzte trinkt ihn aus, und überreicht ihn wieder dem Präfekt, welcher Kelch und Teller wieder rein abgewischt, beides wieder in die Mitte des Tisches stellt, und das grüne Tuch darüber deckt.

Präfekt. Dank sey unserm großen Herrn und lieben Meister, der dieses Mahl eingesetzt hat, zur Vereinigung der Herzen derer, die ihm folgen! Geht hin in Frieden, meine Brüder! heilig sey das neue Bündniß, das wir geschlossen haben! Gesegnet seyd ihr, wenn ihr treu bleibt und für die gute Sache streitet †.

5) Gleich darauf schließt der Präfekt mit den gewöhnlichen Ceremonien die Tafelloge.

6) Noch ist zu merken, daß nie ein Priester des Ordens bei dem Liebesmahl zugegen seyn darf, und daß die dienenden Brüder hinaus gehen, und die Thüren verschlossen seyn müssen.

X.

Ceremonien bei der Einweihung eines Kapitels.

1) Wenn die Provinzialloge an einem Orte ein geheimes Kapitel anlegt, so müssen schon daselbst eine hinlängliche Anzahl Ritter befindlich seyn.

2) Es wird sodann ein Bevollmächtigter dahin abgeschickt, welcher aus einer höhern Ordensklasse genommen wird.

3) Das Zimmer, woselbst das Kapitel gehalten werden soll, wird gehörig austapeziert, und die Insignien, nemlich Ritualbuch, Schwerdt ꝛc. liegen auf dem Kanzeleitische.

4) Der Bevollmächtigte muß gekleidet seyn ohne Ehrenzeichen, mit entblößtem Haupte, geht zuerst hinein, stellt sich vor den Kanzeleitisch, und giebt durch Schottische Schläge das Zeichen, worauf die sämmtlichen Ritter, welche bis jetzt im Vorhofe warteten, hereintreten. Sie sind als Ritter gekleidet, und tragen das Ordenskreuz.

5) Sie stellen sich dem Tisch gegen über in einem halben Zirkel.

6) Der

6) Der Bevollmächtigte hält seine Rede, liest die Konstitution für das neue Kapitel ab, bestimmt die Beamten und schließt mit dem Segen. Gesegnet sey eure Arbeit in Erkenntniß und Gewalt durch die Kraft des alten Meisterworts †.

7) Wenn jeder Ritter seinen Platz eingenommen hat, eröfnet der neue Präfekt das Kapitel.

Beilage A.

Beilage A.

Formular zur Logenkonstitution.

Wir von den Erlaucht. Hochw. geheimen Obern der alten ächten Freimaurerei dazu Bevollmächtigte, unter dem unsichtbaren Schutze der geheimen großen Nationalloge im Orient von Deutschland, und deren untergeordneten Provinzial ☐ dieses Kreises, arbeitende Vorgesetzte, haben uns auf dringendes Ansuchen einiger BBr. in N. nach geschehener Anfrage an die höhern Obern entschlossen, daselbst eine ächte ☐ der geheimen Freimaurerei anzulegen.

Zu diesem Endzweck haben wir dem Herrn (weltlicher Name) eine Abschrift der alten ächten Rituale und unserer Konstitution mitgetheilt, setzen auch hiermit denselben zum ersten Meister vom Stuhl dieser ☐ ein, und wollen, sobald er sich im Stande befindet, seine Versammlungen zu eröfnen, durch einen Bevollmächtigten besagte ☐ einweihen, und ihr den Namen N. N. geben lassen.

Wir ermahnen daher alle diejenigen BBr., welche dieser ehrw. gerechten und vollkommenen ☐ frei-

freiwillig und mit Zuversicht beitreten wollen, zu wahrem Freimaurerischen Fleiße; so wird der große Baumeister ihre stillen Arbeiten zum Besten der Menschheit segnen.

Aber denen in der Irre herumwandelnden, oder bey falscher Lehre in der Dunkelheit erhaltenen Freimaurern, welche unter dem Schutze einer erkauften Konstitution, deren die wahre Weisheit nicht bedarf, um uns her arbeiten, ohne weder die höhern heiligen Zwecke des Ordens, noch dessen geheime Obern zu kennen, weihen wir unser Mitleiden, und bieten ihnen Schutz und Erleuchtung an. Viele sind berufen, aber wenige auserwählt. Es liegt an ihnen, uns kennen zu lernen. Nicht leere Verbriefungen, nein, die Güte der Sache muß für unsre Absicht reden, und in höhern Graden, im Heiligthum des Tempels kann jeder treue Maurer einsehen lernen, wer uns berechtigt hat, diese Loge zu stiften.

Gegeben in dem geheimen Directorio des heil. Ordens, den (gewöhnliche Zeitrechnung) nach Christus Geburt.

(Siegel des Kapitels)   (Keine Unterschrift.)

Beilage B.

Beilage B.

Erklärung der Maurerischen Hyroglyphen.

Der Mensch, so wie er jetzt unsern Sinnen erscheinet, ist tief von seiner hohen Würde herabgesunken. Einst war seine Natur rein, geläutert, das Ebenbild der Gottheit. Fähig, das reinste Werkzeug der Urquelle zu seyn, stand er oben an in der Stuffenreihe und freuete sich seiner Unsterblichkeit. So wie er über alles Sichtbare auf dieser Erde Herr war, so hatte er auch seinem Geiste nach, um uns der gewöhnlichen Ausdrücke zu bedienen, Macht in der unsichtbaren Natur. — Bei einer gewissen großen Revolution in der Geisterwelt wurde sein feineres Wesen mit dieser gröbern Hülle, wie solche jetzt in unsre Sinne fällt, umgeben. Dieß wurde nun sein Wirkungskreis. Es lag aber an ihm, auf das, was wir Körper nennen, auf eine solche Art zu wirken, daß derselbe, oder wenigstens ein Theil davon, einst wieder gereinigt und verklärt, nebst seinem Urwesen

in

in die große Quelle zurückkehren, oder sich von dem gröbern Stoffe unterdrücken lassen, und nach der darauf folgenden Auflösung, stumpf und befleckt in eine andere Klasse zurücksinken konnte. Er that leider das Letztere. Durch den Mißbrauch seiner Kräfte und den unmäßigen Gebrauch der Schätze der Natur fiel er nach und nach so tief, daß jetzt kaum noch der Schatten von dieser höhern Würde übrig ist. Die äußern Werkzeuge des Anschauens und Gefühls sind vergröbert, und was wir jetzt um uns sehen und zu empfinden glauben, ist nicht das wahre Wesen der Dinge. Nein! es sind nur sinnliche Täuschungen, Träume, Erscheinungen. Es konnte und sollte aber der Mensch wieder zu jener Höhe emporstreben, und einige Vertraute der ewigen Weisheit, die ihren Geist, um sinnlich zu reden, rein und unbefleckt erhalten hatten, gaben dem schwachen Menschengeschlechte in einer Bildersprache die Mittel dazu an Handen. — Diese Bilder, diese Offenbarungen, die ersten Buchstaben der ächten Gottesweisheit, wurden in geheimen Weisheitsschulen fortgepflanzt. Die wahren Priester und Vorsteher der Mysterien suchten dabei immer an der äußern Verfassung der Welt so kräftig zu arbeiten, daß nicht alles zu Grunde gehen sollte, und daß die Bessern empfänglich für diese hohen Gegenstände durch einen

treuen

treuen Freund geleitet, auf die Spur ihrer höhern Bestimmung kommen sollten.

Jesus von Nazareth lehrte diese göttliche Weisheit seinen Vertrauten und vorzüglich dem heiligen Johannes. Er legte die Hände auf sie, weihte sie und theilte ihnen seinen Geist mit. Die Apostel pflanzten seine Offenbarungen unter den Bischöfen der ersten Gemeinen fort, und predigten der Welt die Lehren der schönen Tugend, welche die Harmonie erhält, und der einzige Weg zu höherer Weisheit ist.

Allein auch diese Religion artete bald aus, und das kleine Häuflein ächter Christen wurde immer geringer. Pfaffen und Weltweise baueten auf diesen göttlichen Grund ein Gebäude von Unsinn, Dummheit, Vorurtheil und Eigennutz. Bald giengen Pfaffentirannei und Fürstendespotismus Hand in Hand auf die armen Menschen wieder los. Aber die reine Wahrheit gieng nicht verlohren, sie wurde in gehelmen Schulen heilig aufbewahrt. Diese Schulen nahmen aber nach Zeit und Umständen andere Namen an, und die Freimaurerei ist die letzte Gesellschaft, durch welche die alten unverfälschten Hyroglyphen in unsere Weltgegenden sind fortgepflanzt worden.

E Zwar

Zwar geschah dieß nur in einem Zirkel von wenig edlen Maurern, denn die äußere auf der Welt wirkende Maurerei wurde bald so entheiligt, mit so elenden Zusätzen vermehrt, und so mißverstanden, daß sich endlich die geheimen Obern zurück zogen und den großen Haufen sein tolles Spiel fort treiben ließen. Allein, da das Unwesen zu groß wurde, legten unsre Erlaucht. Hochw. Obern noch einmal Hand an, gaben die unverfälschten Bilder der reinen Weisheit in die Hände treuer Schüler, und arbeiteten nach dem Plane, welchen Sie, meine Freunde, nun kennen, ein äußeres vollkommen für dieses Zeitalter passendes System aus, um wo möglich, der Menschheit noch aufzuhelfen, und wenigstens auf die folgenden Generationen die große verheißene Periode zu beschleunigen.

Gehen Sie jetzt die Ceremonien und Bilder durch, welche Sie in der Freimaurerei gesehen, und es wird Ihnen alles verständlich seyn, wenn sie Augen für die Wahrheit haben.

Ein Freund zeigte Ihnen den Weg der Wahrheit. Man prüfte Sie genau. Sie mußten erst eine Reise unternehmen. — Manche lange Reise müßen wir durch diese gefährliche Welt machen, um

Weis-

Weisheit zu suchen, welche einst das Wesen des Menschen war.

Sie wurden alles Metalls beraubt, um Ihnen zu zeigen, daß sich die Wahrheit weder erkaufen noch ertrozen lasse; und weil dieß unglückliche Metall, vorzüglich Gold und Silber, der Menschheit so ungeheuren Schaden gethan hat. Halten Sie daher diejenigen sicher für falsche Freimaurer und Betrüger, welche die elende Kunst, Gold zu machen, für den einzigen Zweck des Ordens angesehen wissen wollen. So täuschen ganze Gesellschaften, welche sich für die Obern der Freimaurerei ausgeben, indem sie nach und nach das Uebergewicht in unsern Logen zu erhalten trachten, eine Menge unwissender BBr., welche sie in Bewegung setzen, Geheimnisse, die sie selbst nicht verstehen, für sie aufzuspüren, und indeß die Hände von nützlichen Arbeiten abzuziehen. Der redliche thätige Mann kann in dieser Welt immer genug durch Fleiß erwerben, um mäßige Wünsche zu befriedigen. Der Weise besitzt mehr als Geld, und den Unglücklichen wird der Orden schon gegen Mangel schützen.

Sie standen vor Ihrer Aufnahme in Blindheit da, wie Ihre Natur verderbt und blind ist.

Sie

Sie hörten Schläge, die ihr Ohr erschütterten, wie der Schlag, der die Menschheit getroffen, unsre Herzen erschüttert.

Sie konnten nur mit abgemessenen, nicht willkührlichen Schritten dem Heiligthum nähern.

Der Abriß des Salomonischen Tempels ist das Bild eines Gebäudes, in welchem einst die heilige Gottes Weisheit gelehret wurde.

Sieben Stufen müssen Sie im Orden steigen, sieben untergeordnete Naturkräfte kennen lernen, wenn Sie für den höchsten Unterricht in der innern Halle empfänglich seyn wollen; und indessen müssen Sie den rohen Stein, Ihren nicht geläuterten Geist, so bearbeiten, daß er gerade und richtig wie der behauene Stein werde, müssen Ihre Handlungen mit den Werkzeugen der Vernunft und Tugend messen, abwägen und richten, und sich in Nachforschungen über hohe Gegenstände üben, wozu ihnen das Bild der Sonne und des Mondes Anleitung giebt.

Zwischen dem Winkelmaaß, dem Maaß des Endlichen, und dem Zirkel, als der Hyroglyphe des Unendlichen, steht der flammende Stern, der das
Band

Band und das Leben des Universums vorstellt. Hier haben Sie zugleich den Grundbegrif der Dreieinigkeit, oder der dreifach wirkenden Gottheit.

Die Sonne giebt Ihnen bei Tage ein warmes reines Licht; der Mond glänzt davon des Abends wieder, und Ihr Meister ist in der Loge das Licht, das Ihre Schritte leitet.

Im flammenden Stern fließen alle Elemente zusammen.

Drei Hauptfeinde haben unsern Meister erschlagen; drei Hauptfeinde haben die letzte große Reform der Welt vereitelt; drei Hauptfeinde würdigen auch den Menschen herab. Die Begierde, alles zu genießen, oder die Unmäßigkeit, welche unsre Natur vergröbert, schwächt und uns zu den Thieren herabsetzt; die Begierde, uns durch sinnliche Mittel zu erheben, mehr zu haben, mehr zu wissen, mehr zu vermögen, als andre, die Vorwitz, Hochmuth, Ehrgeiz, Geldgeiz, Herrschsucht, Neid, woraus die Unterdrückungen von **Pfaffen und Fürsten** entstanden sind, und endlich die Unthätigkeit zu unserer Bestimmung, also der Müßiggang, welcher jedem Laster die Thore öfnet.

Das

Das Grab der Menschheit ist mit Flammen umgeben; es muß aus dem Feuer gerettet werden.

Wir haben nur die fünf sinnlichen Wege nach den gemeinen Begriffen, durch welche wir auf den Menschen wirken können.

Vielleicht finden Sie Mittel, Ihre Natur zu veredeln, im Studium der Naturprodukte, der Kräuter, der Pflanzen. Die Accacia giebt Ihnen den Wink dazu.

Das alte Meisterwort war Jehovah, und diese 4 Buchstaben enthielten den geläuterten Begrif der Gottheit.

Seitdem dieser heilige Dienst verloren gegangen, ist das Wort der Meister M. B., das heißt: "Sie haben den Sohn erschlagen," oder mit andern Worten: Die durch Jesum bewirkte große, noch nicht vollendete Revolution sey Ihr Augenmerk!

Das Geheimniß von der Unsterblichkeit der Seele, der Auferstehung des fünfmal verwundeten Meßias, und der Wiedererweckung eines Körpers durch die fünf Punkte der Meisterschaft, endlich vom rech=

rechten Verstande des Worts Hieram, welches aus
den Anfangsbuchstaben von Hic Iesus Est Resurgens
A Mortuis zusammengesetzt ist, sind wohl noch zu
abstrakte Begriffe für Ungeübte in höherer Weisheit.

Sie haben jetzt Fingerzeige genug! Prüfen
Sie, lesen Sie, denken Sie nach. — Es giebt
eine Menge Dinge, welche man zwar nicht ohne
Anleitung finden, aber auch nicht durch bloßen Unterricht lernen kann, und diese Wahrheiten, wovon
man Ihnen hier das Alphabet gegeben hat, erfor-
dern Fleiß und Studium. Glauben Sie eine hel-
lere erleuchtende Idee, glauben Sie den gebahnten
Weg gefunden zu haben, so vertrauen Sie Ihre Ent-
deckungen Ihren Obern, und man wird Ihnen weiter die Hände reichen, Sie entweder auf dem wahren Wege fort, oder von Irrwegen abzuführen. Uebrigens hat man in die Hyroglyphen der Freimaurerei noch Dinge mit eingeflochten, welche auf hi-
storische Umstände anspielen. Diese historischen Umstände sind theils auf das ganze Welt-Reformations-
Werk, theils auf die Freimaurerei in ihrer jetzigen
Gestalt passend. Z. B. aus welchen Weltgegenden
die Weisheit auf uns gekommen ist, welchen Weg
sie genommen hat, wo sie am ersten verachtet, und
welche neue Reformationsanstalten bis jetzt sind un-
ter-

ternommen worden. Die Ceremonien rühren theils aus der ersten Kirche her, theils haben sie kleine Beziehungen auf die Stiftungsgeschichte der heutigen Freimaurerei. Das Ganze ist in eine Art von Verbindung gebracht; der denkende, forschende Geist findet hier Nahrung, der unwissende, leere Kopf sieht die Sache als ein Spielwerk an, und der Eingeweihte findet hier eine Sprache für Gegenstände, für welche gemeine sinnliche Ausdrücke zu schwach sind.

Endlich rathen wir Ihnen, um diesen Gegenständen tiefer nachzuforschen, den Geschichten der ersten christlichen Gemeinen und den Lehren der alten Gnostiker und Manichäer, deren Studium aber freilich mit großen Schwierigkeiten verbunden ist, fleißig Ihre Aufmerksamkeit zu widmen. Sie werden dann einst erfahren, wie genau damit die neueren Mysterienschulen zusammenhängen, und um Ihnen hievon einen kleinen Vorschmack zu geben, so hören Sie die Ursache, warum wir uns des persischen Calenders bedienen. Die alte Zeitrechnung fieng mit dem Jahr 101 an, als in welchem nach dem Zeugniß deß Hieronymus, Johannes der Evangelist, Stifter und Vorgesetzter der Kirchen in Asien, gestorben war. Es ist

bekannt,

bekannt, wie sehr sich die Lehre Jesu in Asien und Europa nachher ausbreitete. Allein das Jahr 530 nach Johannis Tode, oder 631 nach der gemeinen Zeitrechnung, welches das 9te der Hezira ist, wurde für die asiatischen Christen sehr gefährlich. Mahomed, nachdem er Arabien erobert hatte, gieng an der Spitze von 30000 Mann nach Syrien, und nahm Tebuc ein. Dort schickten ihm die christlichen Gemeinen Abgeordnete, welche ihm unter der Bedingung Tribut anbieten mußten, daß er ihnen erlaube, ihren Gottesdienst zu halten. Mahomed schlug diese Bitte ab, und den Christen blieb keine andere Wahl übrig, als auszuwandern, oder ihren Glauben zu verläugnen. Die Feigsten giengen über; aber eine große Anzahl floh nach Persien, welches noch immer Mahomeds Waffen widerstand. Hier fiengen nun die Christen im Verborgenen ein neues Reich, und zum Andenken an diese glorreiche Verweisung, eine neue Zeitrechnung an, welche sich bis auf unsre Zeiten nebst dem persischen Kalender, der damals im Gebrauch war, fortgepflanzt hat. Zugleich nützten sie (nach dem Geiste der damaligen Zeiten) das Wort Iezdedgerd auf mystische Art, um das Andenken ihres Erzstifters Johannes zu verewigen. Man bemerkte die Anfangsbuchstaben dieser Worte: Iohannes Evangelista, Zebedei Filius,

Filius, Detraetus Ecclesias, Domitiano Interfecto, Erexit, Regnante Trajano. Ueber die Richtigkeit dieses historischen Umstandes aber kann man den heiligen Hieronymus nachlesen, welcher sagt: Iohannes Apostolus, Filius Zebedei, XIV. anno, Secundam post Neronem persecutionem, Patmus insulam relegatus, interfecto Domitiano, sub Nerva rediit Ephesum, ibique usque ad Trajanum principem perseverans, totas Asiae fundavit rexitque Ecclesias.

Beilage C.

Beilage C.

Katechismus der Schottischen Ritter.

Frage. Bist Du ein Schottischer Ritter?

Antw. Ja, und der, welcher mich aufnahm, hatte Erkenntniß und Gewalt.

Frage. Woran soll ich wahrnehmen, daß Du ein Schottischer Ritter bist?

Antw. Daran, daß ich den flammenden Stern auf meiner Stirn trage.

Frage. Wo bist Du aufgenommen?

Antw. Im Allerheiligsten.

Frage. Woran arbeitet der Schottische Ritter?

Antw. Daran, daß er die Harmonie wieder herstelle, seine Natur veredle, und sich also zum reinsten Werkzeug der Gottheit mache.

Frage. Was sind die Mittel dazu.

Antw. Mäßigkeit, Erhebung und Thätigkeit.

Frage.

Frage. Worinn soll der Schottische Ritter thätig seyn?

Antw. Maurertugend im reinsten Herzen zu üben, Maurersprache zu entziffern, Weisheit zu suchen, das heißt, Vorurtheil und Leidenschaft zu bekämpfen, in der Liebe zu wandeln und der Natur nachzuforschen.

Frage. Wie kann man seinen Geist erheben?

Antw. Durch Beschäftigung mit hohen Gegenständen.

Frage. Wer ist Dein Meister?

Antw. Jesus von Nazareth.

Frage. Was hat der für die gute Sache gethan?

Antw. Er hat für die Wahrheit gelitten.

Frage. Wo feierst Du sein Andenken?

Antw. Bei dem Liebesmale.

Frage. Was ist der Preis Deiner Arbeit?

Antw. Ruhe, Liebe, Seligkeit.

Frage. Wie ist das Wetter?

Antw. Hellglänzender Tag im Allerheiligsten, aber Sturm und Dunkel von außen.

Frage.

Frage. Hast du das alte Meisterwort wieder gefunden?

Antw. Meine Obern kennen die 4 Buchstaben.

Frage. Wer kann die Bedeutung des flammenden Sterns entziffern?

Antw. Der, welcher in seinem Innersten das Band zwischen dem Endlichen und Unendlichen fühlt.

Frage. Wie nennst du dieß Band?

Antw. Das wahre Licht.

Frage. Wann wirst du dieß kennen lernen?

Antw. Wenn ich den dreifachen Grund, mich selbst, die Natur und den großen Baumeister werde erkannt haben.

Beilage D.